JN120506

創 業 者

ブレイク・ローニー
Blake Roney

サンディ・ティロットソン
Sandie Tillotson

スティーブン・ランド
Steven Lund

ネドラ・ローニー
Nedra Roney

アドバイザリーボード メンバー

ポール・コックス
Paul Cox

TEディストリビューター 語録寄稿者

岸本多摩子
Tamako Kishimoto

名言・格言を引用した人物

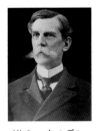

オリバー・ウェンデル・
ホームズ
Oliver Wendell
Holmes

ウォルト・ディズニー
Walt Disney

トーマス・ジェファーソン
Thomas Jefferson

上杉鷹山
Yozan Uesugi

マーク・トウェイン
Mark Twain

デール・カーネギー
Dale Carnegie

アルバート・アインシュ
タイン
Albert Einstein

創業者の名言・語録集
＆
心に沁みる言葉

Analects of the Founders Quotes, Sayings,
& Other Heartfelt words

岸本ファミリー個人慈善基金創立者
岸本 正之
Masayuki Kishimoto

文芸社

CONTENTS

まえがき

　ブレイク・ローニー創業社長との出会いは、まさに「一期一会」でありました。私たち夫婦の人生が一変したからです。私が54歳の時でした。上級副社長のサンディ・ティロットソンと副社長で理事長のスティーブン・ランド両氏との出会いも、ほぼ同じ頃でした。

　そして、私たち夫婦が生涯の師と仰ぐようになった、シーコロジー基金創立者のポール・コックス博士に出会ったのも同じ頃でした。まさに運命の出会いでした。

　ローニー社長とコックス博士との初対面はいずれも講演会の際で、きわめて衝撃的でした。ローニー社長の講演題目は「企業の使命と社会的責任」。私は聴講中、何度か感電したような強い衝撃を受けました。その記憶は今でも私の心に沁み込んでいます。

　講話の余韻に浸りながら、お二人にお会いしたい衝動で講演直後に舞台裏の控室へ駆け込みました。その時から私の自己開眼が始まりました。

　当時の私の名刺タイトルは「マーケティング・テクニシャン」。私はその肩書を内心誇らしく思っていました。

しかし、両氏の講演に衝撃を受けました。私のマーケティング活動が損得勘定に偏っていたことを初めて気づかされたのです。自分の未熟さに、惨めな思いがしました。私は、当時の間違ったマーケティング常識と営利追求の俗習に自縄自縛されていたのです。その気付が、私の人生のターニング・ポイントとなったのです。

　それ以来、両氏を生涯のメンターとして心から敬愛するようになりました。両氏の講話を聴けば聴くほど、私の自己観、人間観、価値観、社会観、世界観などが高尚化する気がして、心が昂ぶりました。両氏は正真正銘の温かい心の持ち主です。

　人は誰でも心の奥底で人に尽くし、社会に役立ちたいと欲します。しかし、役立つ機会にめぐり合えるかどうかは現実の問題です。ニュースキン社は世界の52ヶ国で、その機会を数多くの人々に提供しています。

　1984年に、ブレイク・ローニー、ネドラ・ローニー、サンディ・ティロットソン、スティーブン・ランド四氏は、アメリカのユタ州プロボ市にNu Skin Enterprises（NSE社）を創立。ローニー社長がスタート資金として、自らの貯金$5,000を投資。民家のガレージを借りて開業。"All of the Good, None of the Bad"という画期的な製品理念で美容商品の製造と販売を開始しました。

　1993年には、世界市場で7番目となるニュースキン・

ジャパンで事業開始。1996年にニューヨーク証券取引所に上場。2021年現在、世界の52ヶ国で事業を展開し、会員数約1.56 Million。アクティブ・インディペンデント・ディストリビューター約825,000人。年間売上総額約＄2.7 Billion、会社従業員数約5,000人。今日では、世界最大級のダイレクト・セリング・カンパニーに発展しました。

そこで筆者は、何故ニュースキン社は一代という驚異的な速さで世界のリーディング・カンパニーに成長したのだろうか、そしてこの先どこへ向かうのだろうかという問いに求知心が刺激されました。創業時には、今日の様な高機能のPCやデジタル技術も発達していませんでした。

それどころか、世界中でネット直販業界は、一般社会から正しく理解されていなかったのです。昨今の巨大企業GAFA4社の天文学的な売上実績は想像すらできなかったのです。でも世界中で、過去の未常識は現代の常識に変わるものです。

ローニー社長の講話のなかで、「不思議なことに、人に尽くせば尽くす程、我が社は発展していきました」と云う言葉をしばしば耳にしているうちに、その「*不思議なことに？*」を解明したいと想うようになりました。

そこで私は、一つの仮説を立てました。会社が驚異的な速さで発展を遂げる主な理由は、

人に尽くし、社会に貢献すると云う "Force for Good" の創業精神である

　と云う仮説です。ニュースキン社は創業当時から "Force for Good" と云う高邁な企業理念を掲げています。それは「人々が物心両面で、より豊かになるための力となる」と云う企業理念です。

　その仮説を立証するため、私は、創業者たちの名言、格言、語録を検索し、吟味、評価することに取り組んだのです。検証と評価は、ブレイク・ローニー創立者が設定した分類規範（Citation）と、本書の凡例に基づく様にしました。

　主なCitationを挙げると；Inspirational（インスピレーション）, Motivational（モチベーション）, Positive（積極性）, Wisdom（叡智）, Freedom（自由）, Knowledge（知識）, Leadership（リーダーシップ）, Friendship（友愛）, Dream（夢）, Success（成功）, Life（人生）, Love（愛情）, Happiness（幸福）などです。

　ところが驚いたことに、Force for Goodの精神は創業以前から創業者の心のなかに既存していたのです。例えると、既に季節が来て開花していたと云うことです。そのことを発見した瞬間、私は名状しがたい感動を受けました。

ニュースキン社の「人に尽くし、社会に貢献すると云う実践実績」については、国内外の多くの機構から数多く表彰されています。その事例をリスト・アップするだけでも多くの頁を要します。

　ニュースキン社の「率先垂範」の慈善活動事例は、国内外のパブリック・メディアにより、「社会奉仕企業」、「飢餓救済会社」、「慈善事業会社」、「ディストリビューターに高額な報酬を支払う会社」、「億万長者の量産会社」、「人の心を動かす優良企業」、それに、「先端技術開発会社」、「入社希望トップの会社」、と云う類の「見出し」で相次いで報道されてきました。

　その一方で、社内の綱紀粛正も徹底して行い、規約違反者、法律違反者に対しては然るべき処分を執ってきました。ディストリビューター契約解除、解雇処分の件数も少なくありません。

　企業秩序、社会秩序を健全化する意識改革を目指す企業内教育は、地球規模で継続的に促進されています。その一環として、万民共存共栄の思想教育にも熱心です。斯様な企業活動はまぎれもなく、世界恒久平和を渇望する地球市民の集団的意識改革をも促進します。

　「故事、諺、格言、名言、語録」には、人類が長年に亘って培ってきた不滅の叡智が秘められています。人の考え方を改善させる叡智力です。ひいては生きる希望と勇気

も与えてくれます。人生に「やり甲斐」を見つけ出す喜びに勝るものは、この世にありません。

　まず「故事」には、古今東西の人類興亡史が蒸留化され、エッセンス化され、スパイス化されて薫香を放つ歴史物語がいっぱい詰まっています。

　「諺」には、人の生きる目的や生き方の品格が、優美な韻律と錦心の才で短句端麗に綴られています。更に諺は、心にしんみりと沁み込みながら、深層思考を次から次へと刺激します。そして、人を「行動する思想家」にします。

　「名言」には、人の千思万考が結晶化され、宇宙化されています。そして、崇高な訓示訓戒として綴り込まれています。まさに時代を超える文芸の凄さを髣髴とさせて人の心を虜にします。

　「語録」には、心情の浸潤、思想の醸成と淘汰、生き甲斐の息吹などが、その韻律文体から溢れ出ています。空々しく意義不明な俗言過言ではありません。

　古今東西の故事、諺、格言、名言、語録は常に、人類の未来文明が進むべき方向に希望の光を照らしながら人を叱咤激励しています。

　長期に亘り故事とコラボしてきた「諺」は、価値観の時代変質を長く経ても酸化や劣化はしないでしょう。時代が変わり、社会秩序が変わっても、人の「考え方」が、根幹基軸から乖離しないように指南しています。

時代の変転が求める「パラダイム・シフト（思考転換）」は、未来理想へ向かって前進するアクセルを踏む前に起こさなければなりません。そのタイミングを失うと人類の進行軌道が混乱し、対立、紛争、殺し合いという大惨事に至ります。最悪の場合には「人類滅亡」にさえ至るでしょう。核拡散がエスカレートする現代に、人類はグローバル危機を予知する感覚を決して麻痺させてはなりません。

　もしも人類が、「理想と現実のギャップ」を埋める適宜な「パラダイム・シフト」をタイムリーに起こすことができるとしたら、人の世から「不可能」と云う言葉はなくなるでしょう。つまり、人類史の「麗しき伝統」とは、「パラダイム・シフトのサスティナビリティ」が生み出した賜物とも言えるでしょう。

　時代を超える「不朽の名言」は、今を生きる現代人にとって、生き甲斐や合理的思考法を学ぶ求道行脚の道標にもなるでしょう。生き甲斐を感じることは、人生の王道を歩んでいる証です。不朽の名言・格言は、先人たちが後人たちへ遺した貴重な「知の遺産」なのです。

　時代をまたぐ不朽の名言は、今を生きる人にとって、人生の「座右の銘」となるでしょう。そして、未来の生き方を探求する時、未来社会の理想像を描く想像力とインスピレーションが後押ししてくれるでしょう。インスピレーショナルな思考刺激が、人の知見力の向上を助け、人が織

密に物事を考える習性を身に付けることも助けるでしょう。

　言葉と思考の関係は表裏一体です。両者を切り離すことはできません。人は言葉で思考し、思考は言葉を厳選します。つまり、言葉が変わると思考が変わり、思考が変わると住む世界が変わるのです。ひいては世界が変わり、人の運命さえ変わるのです。

　格言の意義を徹底して探求することは、人類究極の夢、「世界恒久平和」を引き寄せる原動力をパワーアップします。つまり人の知性力、洞察力、予見力、方向感覚が磨かれるので、民衆が残虐で無意味な殺戮戦争を絶対に起こさせない「地球中央政府」の創立を渇望する人々が増えます。

　つまり私たち人類は、まぎれもなく、人類究極の目標に一歩一歩と近づきつつあるのです。そこまで想い描く時、心が興奮し、胸がときめく鼓動が聞こえてくるようです。

　夢は行動で求めるもの。行動で求めるものは必ず叶うものです。また、楽観は悲観に勝ります。言い換えると、積極的思考は消極的思考に勝ると云う真理が自明になります。

　古今東西の故事、諺、格言、名言、語録に学び、人生をより豊かにしましょう。

凡　例

● 引用したい諺、格言、語録の究極的原典とは。難しい問
　いです。世界に「辞典」と称されるものは数多く存在し
　ます。そのなかでも諺、格言、名言、語録の辞典の類は
　群を抜いています。それで「出典：不詳」のものも数多
　くあります。「出典：」の多くが聖書、教典までルーツ
　がさかのぼると推測されます。

● 諺や名言・格言・語録の多くが原作者不明です。あるい
　は、不在かもしれません。類似作や「贋作」も多く、作
　者は一人ではないかもしれません。長期に亘り不特定多
　数の民衆が名言、格言に馴染みながら、その多くを書き
　換えてきました。そして民衆への訓示訓話となり、人生
　の叡智になってきました。ひいては、人類文明の進行方
　向を示す羅針盤のような重責を担う様になりました。

● 本書は主に、Nu Skin Enterprises（NSE社）創業者のブ
　レイク・ローニー社長兼会長、サンディ・ティロットソ
　ン上級副社長、スティーブン・ランド副社長、兼理事長

各位の「心に沁みる名言、格言、語録」を収録しました。それに、著者夫妻が生涯の師と仰ぐポール・アラン・コックス博士やニュースキン・トップ・ディストリビューター諸氏の同類名言や関連語録を加えました。

● 本書に編集された故事、諺・名言、語録は、諸々の「出典：」資料から検索、監修されたものです。しかし、「出典：」は必ずしも「究極の原典」を意味しません。究極の原典であることの証明は、故事を除いては、ほぼ不可能だからです。

● 一人でも多くの読者が、「座右の銘」にしたいと望むような名言、格言、語録を収録する様に心掛けました。人の崇高性と未開性を浮き彫りにしていると思うからです。

● 本書に収録された名言、語録は、Nu Skin Enterprises（NSE社）の出版書籍、パンフレット、研修テキスト、ニューズレター、ディストリビューター制作のVTR、カセットテープ、「サクセス・フォーミュラ・今日の名言」、ウェブサイト、創業者の研修レポート、オリエンテーション教材、講演者のスピーチ・スクリプト、Nu Skin Japan（以下NSJ）のFounders' Quotes—成功に導く「今月の言葉」、"AZ Quotes; — Founders"、ディストリビュー

ター・メモ手帳、ことわざ辞典、SNS等を「出典：」と
しています。

- 世界中で引用されてきた諺、格言、名言、語録のほとん
  どが、究極原典として、無数の教派聖典や宗派教典に
  ルーツをもつと考えられています。創生期の神世まで遡
  るもの、または大昔の原典から派生したものも少なくあ
  りません。それ故に「版権・引用権」を法的に立件する
  ことは極めて困難と考えられています。そのため本書に
  記された「出典：」は「原典」とは言えません。

- 引用語の多義性と変異性、地方語・民族語の今昔性、書
  き換えの容易性、民族文化の多様性、用語解釈の独自性、
  流行語の時代変異性等々が原因となって、世界中で引用
  されている諺、名言、格言、語録の「一言片句の不明確
  性」は避けられないものと言わざるを得ません。

- 要するに、諺、格言、名言、語録の「短言片句」を以て、
  世界中での「引用権」を主張することは、言語学・論理
  学の学問的論理と整合しないと考えられています。それ
  故に、古今東西の故事、諺、名言、格言は全て、全人類
  共有の世界文化遺産と考えるべきであると思います。筆
  者は本気でそう思います。

- ウィキペディア、YouTubeや他のSNS、多様な検索アプリ、ディストリビューター個人のメモ、パブリック・メディアの抜粋記事、ウェブサイトなどは、SNS社会と称される現状において、ポピュラーな伝達手段の一つとなっています。

- 古今東西の賢人たちが遺してくれた故事、諺、格言、語録に親しみながら、皆が克己心高揚のためのバネとしたいものです。セルフ・ディベロップメント（自己成長）の喜びは、人を「達人」にします。達人の増加と共に社会好転が加速します。

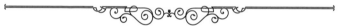

創業者の名言、格言、語録

Blake Roney の名言と語録

1

"The journey will never be easy, smooth sailing, but it will be always worth it to the extreme."

和訳：「航海は決して安易でスムーズにはいかない。しか し常に最高のやり甲斐がある。」

出典：NSE社出版書籍

2

類似語録：“We must sail sometimes with wind and sometimes against to it — but we must sail, and not drift, nor lie at anchor.”（Oliver Wendell Holmes）

和訳：「私たちは、ある時は順風満帆で、―また、ある時は逆風に向かって航海しなければならない、―でも、前に進まなければならない。漂流や投錨をするわけにはいかないのだ。」（オリバー・ウェンデル・ホームズ）

出典：NSE社出版書籍

3

"Becoming A Force for Good"

和訳：「『フォース・フォア・グッド』の実践者となる」

出典：Nu Skin Newsletter

4

解説語録 "Distilling the company values into a single moniker, he coined the phrase 'force for good.' Soon, this idea grew into an official Nu Skin initiative known as the Nu Skin Force for Good Foundation."

和訳：彼（ブレイク）は「会社の価値観を溶鉱炉で溶かして『フォース・フォア・グッド』という硬貨を鋳造した。まもなく、その硬貨はニュースキン・フォース・フォア・グッド・ファウンデーションと云うニュースキン社の公式イニシアティブとなった。」

出典：NSE 社出版書籍

5

"As long as we continue to be a force for good in the world, improving people's lives through innovative products and unmatched opportunities, and as long as we continue to provide the critical, comprehensive support required by our amazing, gifted distributor force, nothing will stop us."

和訳：「私たちが、世界中でフォース・フォア・グッドである限り、革新的製品を紹介する類い稀な機会を提供し、優れたディストリビューターたちの全面的サポートがある限り、私たちを止めるものは何もありません。」

出典：NSE社出版書籍

編集者コメント：ニュースキン社スピリット・カルチャーの真髄と云えます。人に尽くし、社会に貢献することは、この上ない喜びです。また、「共存共栄」の哲理は、人類社会における普遍的で不変の価値観です。それ相応の褒奨システムも創生されました。

6

同類語録：「創業初動期から私たちは、世界のForce for Goodになることをミッションとしてきました。ナリッシュ・ザ・チルドレンは栄養不良や飢餓に瀕した子どもたちに命を吹き込む機会をあたえてくれます。Force for Goodの現場実践に勝るものはありません。」

出典：NSE社出版書籍、パンフレット

7

"Many who discover the company through the products,
or the opportunity may never have heard of the Nu Skin
Force for Good Foundation, but they sense it. They know
that something different here."

和訳:「製品やビジネス機会を通じて当社のことを知った
多くの人々は、ニュースキン・フォース・フォア・
グッド・ファウンデーションのことを聞いたこと
がないでしょう。しかし、彼らは、それを感じて
います。人々は当社に何か変わったものを感じ
取っています。」

出典：NSE社出版書籍、パンフレット

8

"To support its mission to be a force for good, the
company created the Nu Skin Force for Good with the
introduction of the company's Epoch line of
ethnobotanical personal care products. Because Epoch
products are derived from the ancient botanical wisdom of
indigenous culture, the company wanted to find a way to
"give something back" to these treasured communities.
Funded by percentage of Epoch product sales — and
donation from employees, distributors, and the
cooperation — the Nu Skin Force for Good Foundation has
contributed millions of dollars to worthy causes all across
the globe".

和訳：「フォース・フォア・グッドの使命を遂行するため
当社は、民族植物由来のパーソナル・ケア製品や、
―エポック製品群を供給するニュースキン・
フォース・フォア・グッド基金を創設しました。
エポック製品群は原住民が昔から蓄積してきた知
見力により創られたものです。それで当社は、現
地住民の知的財産権に相当する何らかの方法で返
礼をしたいと考えました。エポック製品の販売利

益の歩合金と、従業員やディストリビューター、それに弊社からの献金によって返礼する基金財団を創設しました。そしてニュースキン・フォース・フォア・グッド基金を通して、やり甲斐がある支援事業に、世界規模で数百万ドルの義援金を寄付してきました。」

出典：NSE社出版書籍、スピーチ・スクリプト、Nu Skin Newsletter

9

関連名言 "One person make a difference. One person, no matter where they live, can help preserve island ecosystems and cultures. (Paul Cox, Ph.D., Seacology & Brain Chemistry Labs Founder)

和訳:「人ひとりが改革を起こすのです。一人ひとりが、どこに住んでいようと、島嶼の生態系と文化の保護継承に貢献できるのです。」(ポール・コックス民族植物学博士:シーコロジー基金、脳化学研究所創立者)

出典:シーコロジー・パンフレット

関連名言："None of us may be to change the world all at once, working together, we can make a difference. We invite you to become a part of the team that is working to save our planet, one island at time."（Paul Cox, Ph.D., Seacology and The Brain Chemistry Labs Founder.）

和訳と著者プロフィール：「誰であろうが私たちは、世界を一度に改革することはできません。私たち皆が一緒に取り組めば、改革を起こすことができるのです。私たちは、一人ひとりがチームの一員となり、島々を一つずつ守りながら、私たちが住む地球を守るチームの一員となるように皆様をお招きします。」（ポール・コックス博士：ハーバード大学院卒、世界屈指の民族植物学博士、前ブリガム・ヤング大学教養学部長、スウェーデン王室教授、「ノーベル環境賞」と称される「ゴールドマン環境賞」受賞、日本文化や俳句、浮世絵に精通。論文・著書多数、シーコロジー基金財団、脳化学研究所創立者）

出典：シーコロジー・パンフレット、著書、研究論文、ウェブサイト、SNS

11

"We never doubted we could find consumers because we wanted to use the products ourselves. And that was enough to get us past the experts and their advice."

和訳：「私たちは、愛用者を見つけることに疑問をもった
　　　ことはありませんでした。私たち自身が愛用したい
　　　製品であったからです。その根拠が、専門家のア
　　　ドバイスを不要にした十分な理由だったのです。」

出典：Nu Skin Newsletter & Brochure

筆者注訳：このNSE語録は、創業初動期においては主要成
　　　分の品質をアピールしたものですが、間もなくして、その
　　　語録の引用範疇が広がりました。直販市場における「愛用
　　　者第一主義」の狭義から「製造企業界の社会的使命と責
　　　任」と云う社会的意義の広義に広がりました。更に販売競
　　　争の激化にともない、製品品質の差別化語録としても引用
　　　される様になりました。今日、製品のデモンストレーショ
　　　ンには、匠の美文と高感度のナレーションでアピールする
　　　ソフィスケイトな製品紹介が求められています。

12

"Everywhere we go, we appeal to people committed to making something of value and to achieving their dreams. We see this in every country — people who rise, becoming great and amazing.

和訳：「私たちは何処へ行っても、何か価値ある事や夢を叶える事に心血を注ぐ人々を応援しています。そのことは何処の国に行っても同じです―自ら立ち上がり、偉大で逞しく成長している人々ですから。」

出典：NSE 社出版書籍

13

"I remember wondering every day what tomorrow would bring. I remember talking to successful leaders — and telling them about our philosophy and approach — , tomorrow, we can find one more person who think like us."

和訳：「私は毎日、明日は何を成すべきかと考えていたことを覚えています。私は、成功したリーダーたちと話したことも覚えています―、そして私たちの企業哲学を話しながら人々に近寄ったことも―、明日は私たちと同じ考え方をする、もう一人の人を見つけることができます。」

出典：NSE社出版書籍

14

"1 percent commitment takes 99 percent thought."

和訳：「1％の意思を決定するために、99％の千思万考を
　　　要します。」

出典：講演会メモ

15

"Throughout Nu Skin's 20 years, you have embraced our new products, services and initiatives with unbridled passion, and you have been inspiring leaders to thousands"

和訳：「ニュースキン社の20年間、皆様は弊社の新製品や
サービスの質を比類なき情熱をもって率先愛用し
てきました。皆様は何千人のリーダーたちを終始
一貫して先導されています。」

出典：Speech at the Team Elite Monaco Trip 2004
　　　（チーム・エリート・モナコ・トリップ2004における謝恩スピーチ）

16

「ナリッシュ・ザ・チルドレンの活動は、私たちのビ
ジネス活動の5%に過ぎないかもしれませんが、その
95%は私たちの生き方を象徴しています。」

出典：Nu Skin Newsletter—スピーチ・スクリプト

17

「創業初動期から私たちは、世界の"Force for Good"に
なることをミッションとしてきました。ナリッシュ・
ザ・チルドレンは、栄養失調や飢餓に瀕した子どもた
ちに命を吹き込む機会を与えてくれます。Force for
Good 活動に勝るものはありません。」

出典：Nu Skin Newsletter—スピーチ・スクリプト

18

「不思議なことに、人に尽くせば尽くすほど我が社は
大きくなっていった──、私は、売上額10億ドル以上
の会社に育てたい。世界で最も社会貢献する会社にし
たい。」

編集者注：既に達成済み

出典：Nu Skin Newsletter—スピーチ・スクリプト

19

"I am a big believer that everybody has unusual, and certainly untapped, potential. The more people like that we can line up with their skill set and with their abilities, the more success we get to have."

和訳：「私は、人は皆素晴らしい潜在能力を備えていると
　　　固く信じています。より多くの人の潜在能力を開
　　　花させ、活用すれば、より大きな成功を収めるこ
　　　とができるのです。」

出典：Nu Skin Newsletter—"Founder's Quotes" 成功に導く「今月の言葉」

20

"I think it's really critical to have your dream life in your mind so that you are constantly adjusting and designing your business in such a way to accomplish that because you could very easily be highly successful and not accomplish your lifestyle you really want to accomplish in your heart."

和訳：「自分が理想とするライフスタイルに留意すること
　　　 はたいへん大事なことです。そして、それを実現
　　　 するためには、あなたの仕事を少しずつ調整して
　　　 いく必要があります。なぜならば、理想のライフ
　　　 スタイルを忘れると、ビジネスは成功しても、理
　　　 想のライフスタイルの実現には失敗すると云う事
　　　 態に陥るからです。」

出典：NSE 社出版書籍、Nu Skin Newsletter—"Founder's Quotes" 成功に
　　　 導く「今月の言葉」

21

"I am a big believer that everybody has unusual, certainly untapped, potential. The more people like that we can line up with their skill set and with their abilities, the more success we get to have"

和訳：「私は、人は皆、未開で非凡な素質を備えていると
　　　心から信じています。私たちは、より多くの人の
　　　スキルと能力を活かせば、より大きな成功を収め
　　　ることができるのです。」

出典：オリエンテーション教材、"AZ Quotes"—Blake Roney Quotes

22

「誰もが自分の『ビジネスを遂行する理由』を知る必要があります。私は自分がこのビジネスに強い情熱を注ぐ理由を、はっきりと認識しています。私が見るところ、サポートが少しだけ足りないせいで、自分の夢を実現できずにいる人が世の中にはまだ何万人、何十万人もいます。『私なら彼らを助け、成功へ導くことができる』と、私は信じています。その信念が私の情熱の源であり、私の『ビジネスを遂行する理由』なのです。」

出典：オリエンテーション教材、Nu Skin Newsletter

23

「この世で一番大事なことは、自分が『どこ』にいるかという事でなく、『どの方向に』向かっているか、という事です。」

出典：Nu Skin Newsletter、講演メモ

24

「成功の秘訣は、仲間を10人見つけ、彼らの成功を手伝うこと。私は心からそう思っています。」

出典：Nu Skin Newsletter、講演メモ

「初対面の人に声をかけるのは、特に最初のうちは、誰にとっても大変なことです。私も警戒心の強い人から、冷たい仕打ちを受けたことがあります。そうした経験から私が学んだことは、『自分は彼らの人生をより良いものにできる』と信じることの重要性です。そう信じて話しかければ、前向きな気持ちが相手に伝わり、相手も心を開くことが多くなるのです。」

出典：Nu Skin Newsletter、講演メモ

26

「実際に行動すれば、不安は解消します。例えば、人に話しかけることに不安を感じているのなら、外に出て他人に実際に話しかけてみてください。すると話しかけることがどんどん簡単になって、恐れるべきものなど何もないことに気づくことでしょう。しかし、私の場合もそうでしたが、一ヶ月間行動を怠ると、同じ不安がよみがえってしまいます。従って、不安に取りつかれることを避ける一番簡単な方法は、不安である自分を認めたうえで、行動を続けることなのです。」

出典：Nu Skin Newsletter、講演メモ、Founder's Quotes

27

「あなたがより多くの人を助けると、あなたはより大きな成功を手にします。そして、ナリッシュ・ザ・チルドレンなどの活動を通じて、ますます積極的に他人を助けるようになります。『他人の生活を豊かにしたい』と云う私たちの願いがあればこそ、こうした好循環がうまれるのです。『人を助け続ける』という行為は、天からの贈り物なのです。」

出典：Nu Skin Newsletter、講演メモ、Founder's Quotes

28

同類名言：「与えることは最高の喜びなのです。他人に喜びを運ぶ人は、それによって自分自身の喜びと満足を得ます。」（ウォルト・ディズニー）

出典：AZ Quotes、ウォルト・ディズニー名言集

29

「未来は今日創られるのです。今日、自分が何をする
かで変わるものです。未来は決まっているものでなく、
勝手にやってくるものでもありません。自分が今日何
をするかで未来はどうにでも変わります。─未来は予
想するものでなく、自分が今、創造するものです。他
人と過去は変えられなくとも、自分と未来は変えられ
ます。全ては一人から始まります。全ては今日から始
まります。全てはわずかな差です。」

出典：AZ Quotes、講演メモ

30

"If you surround yourself with people who are trying to build, who are all willing to build other people up, they build you up!"

和訳：「もし、あなたが自分を発展させようとしている人、他人を発展させる意欲がある人々につながっていると、その人たち皆が、あなた自身を発展させてくれます。」

出典：AZ Quotes、オリエンテーション教材

31

「人を育成することに意欲的な人たちに接していると、その人たちがあなた自身を育成するでしょう。」

出典：AZ Quotes、オリエンテーション教材

32

「ディストリビューターとして成功した人たちは、『人
に与えたい』という願望が普通の人より強いようです。
彼らはアフリカの子どもたちに食物を提供する様な、
自分のビジネスとは直接関係のないことをやりたがり
ます。しかし彼らは、他人の人生改善に尽くすことが、
自身のビジネスの成長を促進するという真理を理解し
ています――、そのことを他人にも、身をもって示そう
としているのです。」

出典：AZ Quotes、講演メモ

33

「恐れについて、座って考えているということは、冷たいプールサイドに座っていて最初に飛び込んだ時にどんなに冷たいんだろうかとイメージしているようなものです。恐れは、どんどんと大きくなっていきます。実際飛び込んでみた時、あなたは『あれ？　そんなに悪くなかったなぁと言うか、良かったね、一時間前から飛び込んでおくべきだった』と思うでしょうね。」

出典：Nu Skin Newsletter、無限に成長する力　成長の方程式

34

「良い人間とは、他人の生活を豊かにする人です。」

出典：Nu Skin Newsletter、講演メモ

35

「ネガティブな人が一人いるだけで、ポジティブな人たちの努力が無になることがあります。だから、ディストリビューターの方々は、常にネガティブな人と距離をとり、関わるのを避けて下さい。」

出典：スピーチ・スクリプト、講演メモ

36

「日本の皆さまは、私たちの過去を築いただけでなく、私たちの未来を創る力でもあります。」

出典：スピーチ・スクリプト、講演メモ

37

「私は今まで姿・形に優れた方々にお会いしてきました。全ての人々は、莫大な可能性を持っているところから、特別なプールを手に入れているように見えます。もし、皆さんがそれらをどこにあるのかが、はっきりと分かってさえいれば。」

出典：スピーチ・スクリプト、オリエンテーション教材；成功の方程式

38

「恐怖がただ否定的な考えであるなら、少しの間、それらを肯定的な言葉とイメージに取り替えてください。一息ついて、あなたの恐怖のいくつかを書き留め、次にあなたがその恐怖を取り替えることを書き留めてください。」

出典：スピーチ・スクリプト、オリエンテーション教材；成功の方程式

39

「家族を犠牲にしないなど、ビジネスを組み立ててい
く道筋を是非デザインしてください。あなたの大切な
パートナーとの関わりを失ってはいけません。お金の
ために友情や信仰、大切な価値観を失ってはいけませ
ん。それは必要ないどころか、間違いです。成功と引
き換えにそれらを失ってしまうのです。」

出典：スピーチ・スクリプト、オリエンテーション教材；成功の方程式

40

「見知らぬ人に話しかけるのは、私たち皆にとっても『チャレンジング』なことです。特に初めの頃はそうです。私の場合は、相手方が親切に受け入れてくれる雰囲気でないどころか、懐疑的でした。しかし、あなたは、相手と話を続ければ続けるほど、『相手方が受け入れてくれれば、私の生活を豊かにできる。』と考えるでしょう。それがあなたの立場をプラスにしていきます。」

出典：スピーチ・スクリプト、オリエンテーション教材；成功の方程式

41

「『自己中心的な』タイプの人物に注意し、避けましょう。いいですか？　遠ざけてくださいね。どうかどうかあなたのグループにその様な人物を受け入れないでください。グループ全体をダメにしてしまいますよ。」

出典：スピーチ・スクリプト、オリエンテーション教材；成功の方程式

42

「見知らぬ人に話しかけるのは、私たち皆にとっても『チャレンジング』なことです。『今日、誰を手助けしようか見つけに行こう。』それが、このビジネスを魔法の様に築き上げてきた方法なのです。そして、それが『いいな。自分が好きだな。自分がしていることが好きだな。ニュースキンファミリーの生活が好きだな。』と、毎晩寝る前に思える方法なのです。」

出典：スピーチ・スクリプト、オリエンテーション教材；成功の方程式

43

「良い人とは、人を助けたいと思って探している人の
ことを言います。」

出典：スピーチ・スクリプト、オリエンテーション教材；成功の方程式

44

"Hidden within each of us is the ability to do more with our lives. And it's up to us to make the decision to do it and then do it through Nu Skin as the powerful vehicle to it."

和訳：「私たち誰もが持つ隠された能力は、人生において、より多くのことを成就します。そして、それを実行決意するのは私たち自身であり、また強力な実行手段として、ニュースキン社の理念を通すことです。」

出典：NSE社出版書籍、オリエンテーション教材

45

"MAKING A DIFFERENCE; I am amazed, awed, and humbled by what we have been able to accomplish …by working together toward a common goal — to help each other fulfill our dreams and to act as a force for good throughout the world."

和訳：「格差の創出：私は、皆が共通の目標に向かい、私たちの夢を叶えるために、互いに助け合いながら、世界中でフォース・フォア・グッド活動を成し遂げてきた実績に、驚愕し、畏敬し、謙虚な気持ちになります。」

出典：NSE 社出版書籍、講演メモ

46

"Our pursuit to be the world's leading direct selling company has driven Nu Skin Enterprises since 1984 and continues to be a guiding force today. Our goal is to make every product superior in its category — differentiated products and implement novel and most of all to pay our distributors more in commissions than is paid out by any other direct selling company."

和訳:「1984年以来、世界中の直販市場で、リーディング・カンパニーになる私たちの念願が、今日までニュースキン・エンタープライズ社を発奮させてきました。私たちの目標は、全ての製品カテゴリーにおいて、より傑出し、差別化された製品創りを持続することです。特殊なことは、我が社がディストリビューターに支払うコミッションは、他の直販会社が支払うコミッションより高額であることです。」

出典：Speech at the Team Elite Monaco trip 2004（チーム・エリート・モナコ・トリップ2004での謝恩スピーチ・スクリプト）

47

"The most important thing I do for myself is to maintain a positive attitude no matter what."

和訳：「如何なる状況に遭遇しても、ポジティブな姿勢を崩さないこと。これが私にとって最も大切なことです。」

出典：Founder's Quotes、オリエンテーション・メモ

48

同類語録：「誰もが、自分の人生をより豊かにする潜在能力を秘めています。ニュースキンビジネスという素晴らしい機会を通じて、その能力を開花できるかどうかは、あなた自身の決断次第です。」

出典：Nu Skin Newsletter—"Founder's Quotes 成功に導く「今月の言葉」、講演メモ

49

「ニュースキンが、グローバル・ネット直販業界で、最も優秀な会社に評価されているのは、私たち一人ひとりが心を合わせて同じ道を歩んでいるからです。私たちが他社を上回るコミッションを支払うことができるのも、貧しい子どもたちへの食糧援助を行うなど、Force for Good の社会貢献ができるのも、同じ理由です。即ち、私たち一人ひとりが、力を合わせ、チームとして取り組んでいるからです。」

出典：Nu Skin Newsletter、講演メモ

50

「まず、自分自身の能力を高めることから始めてください。そうすれば、自然にあなたは他人の手本となり、あなたのアドバイスに説得力が備わるのです。」

出典：Founder's Quotes、講演メモ

51

「『肌がきれいね』、『若くみえるわ』、『元気いっぱい
ね』などと、他人から言われた時こそ、ニュースキン
製品のすばらしさを伝える絶好のチャンスです。あな
たがどの様にして魅力的になったかを話せば、人々は
製品の信頼性と品質の高さを理解します。そして、ビ
ジネスの機会についての説明にも、心を開いていくこ
とでしょう。」

出典：Founder's Quotes、講演メモ

52

「製品への信頼と、ビジネス機会への信頼は、切り離
すことができません。この2つは密接に連動している
のです。」

出典：Founder's Quotes、スピーチ・スクリプト

53

「『私には、まだ他人に与えるほどの財産はない。与える時は、もっとお金持ちになってから』などと考えてはいけません。富があるから与えるのでなく、与えるから富が生まれるのです。しかも、与えるというのはとても気分が良い行為です。なぜ与えることをためらう必要があるのでしょうか？　あなたが今できることからスタートして、あなたの富と与える喜びを、同時に大きくさせていくのです。」

出典：Founder's Quotes、オリエンテーション教材

54

「意見の相違から、人と人が対立している光景をよく見かけます。ニュースキンでは、そのようなことは望みません。私たちは、Force for Good など、同じ目標に向かって努力をしていますが、ビジネスを行う際に同じ方法を採る必要はないのです。もし他の人が別の方法を採っていて、その人の話を聞き、自分も試したいと思うなら、それを自分のビジネスに取り入れると良いのです。逆に自分に合わないと思ったら、取り入れなければ良いのです。そこで、思い悩んで対立するよりも自分に合うか合わないか、単純に物事をとらえ、前進しましょう。」

出典：Founder's Quotes、オリエンテーション教材

55

「何かを克服した体験が、私たちの潜在能力を開花させます。」

出典：Nu Skin Newsletter、講演メモ

56

「より大きな成功を獲得するにつれ、社会還元を成す機会が、あなたに数多く巡ってくることでしょう。そうした機会を逃さず、最初はささやかなものにすぎないかも知れませんが、人に与えると云う習慣を続けてください。なぜなら、人に与えるほど、あなたの成功は加速するからです。そして『思いやり』と『分かち合い』の精神が強くなるほど、世界をより豊かにしようという熱意が増し、Force for Goodへ近づくからです。」

出典：Founder's Quotes、オリエンテーション教材

57

「私は、これまで、多くのサクセスストーリーに接し、このビジネスが個人とその家族の人生を劇的に変化させるだけでなく、社会全体を変化させていることを実感してきました。このビジネスは大きな広がりをもっています。私たちの提供するビジネスの機会によって夢と希望を与えられ、自分の生活を豊かにするだけでなく、Force for Good として、社会に貢献している人の数は、私たちの想像以上に多いのです。ビジネス機会を提供する人間の一人として、こうした状況を見ると、私の心は喜びと感謝の気持ちで満たされます。」

出典：Founder's Quotes、オリエンテーション教材

58

「ビジネスで成功するためには、自分の役には立たなかった古い習慣を捨て、自分にとって有益な習慣を身に付ける必要があります。習慣は繰り返すことから生れますが、悪い習慣は簡単に身に付いてしまう一方、良い習慣はなかなか身に付きません。しかし、いったん良い習慣が身に付けば、それらは私たちの存在意識を明確にし、私たちにより大きな満足感と達成感をもたらしてくれるのです。」

出典：Founder's Quotes、オリエンテーション教材

「行く手をふさぐ困難、人を批判したがる人たち、不安、こうしたネガティブな要素に気をとられると、ニュースキンビジネスという興奮と喜びに満ちた行楽の旅に集中できなくなり、成功はおぼつかなくなります。そして、自分が助けてもらったのと同じように他人を助けないとしたら、やはり成功できません。つまり、このビジネスの根本は『ポジティブであること』と『人助け』なのです。」

出典：Founder's Quotes、オリエンテーション教材

60

「成功には計画性が不可欠です。成功者は、まるで一日が24時間あるかのように大量の仕事を処理し、大きな成果をあげています。彼らは仕事に優先順位をつけてバランスよく作業を行います。物事を先延ばしにして、あとで慌てるとか、複数の仕事に手を付けたにもかかわらず、何一つ完成できないといったような事態に陥ることはないでしょう。それは、彼らが計画的であり、スケジュールを管理する習慣を完全に身に付けているからです。」

出典：Founder's Quotes、オリエンテーション教材

61

「一旦、あなたが行動を起こそうと心に決めたら、その夢を叶えさせることがあなたの責任です。他の誰もあなたのためにはしてくれません。他の誰も『あぁ、あなたの夢がこれだよ。』とは言ってくれません。それは起こり得ません。あなたが自分自身の行動で手に入れるのです。欲しいのなら自分で創り出すのです。」

出典：Founder's Quotes、オリエンテーション教材

郵 便 は が き

160-8791

141

東京都新宿区新宿1－10－1

㈱文芸社

　　　愛読者カード係 行

‖‖‖‖‖‖·‖·‖‖‖·‖‖‖·‖‖‖·‖‖‖·‖‖‖·‖‖‖·‖‖‖·‖‖‖·‖‖‖

ふりがな お名前		明治　大正 昭和　平成	年生　歳
ふりがな ご住所	□□□-□□□□		性別 男・女
お電話 番　号	（書籍ご注文の際に必要です）	ご職業	
E-mail			
ご購読雑誌（複数可）		ご購読新聞	新聞

最近読んでおもしろかった本や今後、とりあげてほしいテーマをお教えください。

ご自分の研究成果や経験、お考え等を出版してみたいというお気持ちはありますか。

ある　　　　ない　　　内容・テーマ（　　　　　　　　　　　　　　　　）

現在完成した作品をお持ちですか。

ある　　　　ない　　　ジャンル・原稿量（　　　　　　　　　　　　　　）

書 名							
お買上 書 店	都道 府県	市区 郡	書店名				書店
			ご購入日	年	月		日

本書をどこでお知りになりましたか?
　1.書店店頭　2.知人にすすめられて　3.インターネット(サイト名　　　　　　　)
　4.DMハガキ　5.広告、記事を見て(新聞、雑誌名　　　　　　　　　　　　　　)

上の質問に関連して、ご購入の決め手となったのは?
　1.タイトル　2.著者　3.内容　4.カバーデザイン　5.帯
　その他ご自由にお書きください。
　(　　　　　　　　　　　　　　　　　　　　　　　　　　　　　　　　　)

本書についてのご意見、ご感想をお聞かせください。
①内容について

- -
②カバー、タイトル、帯について

 弊社Webサイトからもご意見、ご感想をお寄せいただけます。

ご協力ありがとうございました。
※お寄せいただいたご意見、ご感想は新聞広告等で匿名にて使わせていただくことがあります。
※お客様の個人情報は、小社からの連絡のみに使用します。社外に提供することは一切ありません。

■書籍のご注文は、お近くの書店または、ブックサービス(☎0120-29-9625)、
　セブンネットショッピング(http://7net.omni7.jp/)にお申し込み下さい。

62

「人生は問題に満ち溢れているとも言えますし、または素晴らしい祝福に満ち溢れているとも言えます。全てはあなたにどの面が見えているかに尽きるのです。ある人は、毎度訪れるチャンスに困難を感じ、またある人は毎度訪れる困難にチャンスを見つけます。さあ、あなたはどちらですか？」

出典：Founder's Quotes、オリエンテーション教材

63

「あなたが成長すればするほど、社会に還元することも多くなります。あなたが向上すればするほど、リーダーの資質も向上します。結局、成長し続けることが、自分の幸福につながるのです。」

出典：Founder's Quotes、オリエンテーション教材

64

「もし、あなたが現在のレベルに立ち止まったままの感じがして、次のレベルに移行したいと心底思うなら、自分のためにも更に発展したいと思うのなら、是非、行動を起こしてください。あなたの為です。」

出典：Founder's Quotes、オリエンテーション教材

65

「私たちは異口同音に仕事上の一番の課題は人々から不安を取り除くことだと耳にします。私たちは生まれながらにいくつかの不安を持っているのです。影響の程度は異なっても、恐怖に負けるか、それとも恐怖に打ち勝って先に進むかは、あなたの選択次第です。」

出典：Founder's Quotes、オリエンテーション教材

Steven J. Lund の名言と語録

66

"This company enables people to improve their own
abilities to lead, communicate, and navigate life's waters".

和訳:「当社は人々が、自らの人生航路を、自らの操縦で、
　　　自らの航海能力を向上させる手伝いをします。」

出典:NSE社出版書籍、オリエンテーション教材

67

同類名言：「卓越したリーダーシップ力とチーム力は、すべての競技における必勝条件である。」（創業者の特定不可）

出典：NSE社出版書籍、オリエンテーション教材

68

"UNLIMITED POTENTIAL; I continued to be
impressed by the overall quality and elegance of our
organization. Brilliant minds and world class
entrepreneurs have been attracted to the unlimited
potential — to the exceptional integrity of our highly
innovative and scientifically formulated products. To
support the efforts of our dynamic distributor forces, we
have developed a solid corporate infrastructure that allows
our distributors to bring — to people across the glove — ,
but one of the biggest companies in the world."

和訳：「無限の可能性；私は、当社の総体的資質と品格に
　　　ついて、いつも納得しています。才気あふれる
　　　ワールド・クラスの事業家たちが、科学的に調合
　　　された当社のクリエイティブな製品—、無限の可
　　　能性に魅了されています。当社のダイナミックな
　　　ディストリビューター勢をサポートして、世界中
　　　の誰もが参加できるように健全な支援制度を充実
　　　させ、—世界最大級の会社に発展させます。」

　　　　　　　　出典：NSE社出版書籍、オリエンテーション教材

69

「『行動が伴わない信念は無意味だ』とか『信じるだけ
では十分ではない』と云ったような格言は、ほとんど
すべての文化に共通して存在する真実です。こうした
格言は、『家に閉じこもることなく、自分の信念に基
づいた行動を起こしなさい。そうしない限り、絶対に
成功できない』と教えているのです。」

出典：Nu Skin Newsletter、オリエンテーション教材

70

「私は、恐ろしいほどの大金を稼ぎながら、目を覆いたくなるような荒れた生活を送っている人たちを知っています。私にとって彼らは、成功者とは程遠い存在です。一方、ほどほどの収入でありながら、創造性に富み、人の役に立とうと努め、喜びに満ちた生き方をしている人たちもいます。私にとって、彼らは大成功者です。収入の額と成功とは、何の関係もないのです。」

出典：Founder's Quotes、オリエンテーション教材

71

「隣の人がボートを買ったからという理由で、あなたがボートを買うために働き始めたとしたら、毎日朝早くベッドから起きて、好きでもない仕事を続けても長続きしないでしょう。それに対して、何とかして学費を工面しないと、愛する息子が大学に行けないとしたら、尽きることのないモチベーションがあなたの心に湧いてくることでしょう。自分が働く理由をしっかり自覚しておくことが、モチベーションの源泉となるのです。」

出典：Founder's Quotes、オリエンテーション教材

72

「成功するためには、自分が何を望んでいるかを知る
必要があります。私は、あなたには高い価値があり、
その価値に相応しいものを獲得できるものと信じてい
ます。あなたが心の底から欲しいと思えば、実際にそ
れを手にいれることができるでしょう。」

出典：Founder's Quotes、オリエンテーション教材

73

「人生に目的をもつこと。つまり最善の努力を傾ける
だけの価値がある何かを発見すること。それができれ
ば、物質的な報酬より、はるかに大きな成果をあげる
ことができるのです。」

出典：Founder's Quotes、オリエンテーション教材

74

「勇気とは不安がないことではありません。勇気とは不安があるにもかかわらず、やるべきことを実行することなのです。」

出典：Founder's Quotes、オリエンテーション教材

75

「人が行動をためらうのは、ほとんどの場合、物理的な理由ではなく心理的な理由からです。チャンスを掴み、何かを成し遂げるという成功体験を通じて、人はそうした恐怖から解放され、強い精神力を身につけることができます。『死ぬほど不安だ』と恐怖に震えていた人も、成功体験を経れば、『私ならできる』と心からの笑みを浮かべることができるのです。」

出典：Founder's Quotes、オリエンテーション教材

76

「『お金』、『所有物』、『肩書き』という世間でいう一般
的な尺度は、実は成功とはほとんど関係ありません。
私は、ニュースキンビジネスを手がける人々が、『大
金を稼いでいないから、私は成功者でない』と思わな
いことを望みます。自分の価値観に従って仕事をし、
自分の行いに喜びを見いだしているのなら、その人は
成功者なのです。家族も友人も犠牲にして金儲けに邁
進したため、金があっても孤独な人は、成功者ではあ
りません。それはバランスの欠けた人生がもたらした
悲劇であり、失敗なのです。」

出典：Founder's Quotes、オリエンテーション教材

「私もつらい目にあったことがあるので、販売が一番難しい仕事であることを理解しているつもりです。目を覚ますたびに、『今日はどうやって、あの商品を売りに行こうか』、『なんでわざわざ、あんな不愉快な思いをしにいくのか』と自問する人もいることでしょう。販売活動のつらさに耐えかねて、このビジネスから離れていく人もいることでしょう。そのような人たちに、次のように言いたいです。『私たちは、私たちと出会った人たちが、私たちと出会う前より幸せになるために仕事をしているのです』と。」

出典：Founder's Quotes

「私たちは、長年にわたり多くのアンケート調査を実施して、成功者の特徴を探り出そうとしました。しかし、学歴、経歴、業績、出身国、社会的地位、個性といった点で、ほとんど何の共通点も見つかりませんでした。それでも、ただひとつわかったことがあります。成功者の共通点とは、彼らの強い『成功への意志』があるということです。」

出典：Founder's Quotes

「私たち全員には、新しいことを学習する能力が備わっており、このエキサイティングな能力がなくなることは死ぬまでありません。成功の秘訣の一つは、この学習能力を大いに活用することです。このビジネスに出会ったとき、『自分には成功するだけのスキルがない』と言う人がいます。私は、『それがどうしたのですか。現時点でスキルがないことは当たり前でしょう』と答えます。脳外科医だって、医学校に入学した初日に脳の手術ができたわけではありません。どんなスキルであれ、学習したあとから身につけることが可能なのです。」

出典：Founder's Quotes、オリエンテーション教材

80

「『まだ慣れていない』という理由から、新しいチャレンジを恐れてはいけません。思い切って挑戦すれば、人間として成長します。そして、その成長の中から、驚異的な成果が生まれてくるのです。」

出典：Founder's Quotes、オリエンテーション教材

81

同類格言：「新しいことに取り組むことを恐れてはいけません。それらの全部を知り尽くしている人はいないからです。ただ、取り組むだけで偉業を成し遂げ、そのことがあなた個人の成長にもなります。」

出典：スピーチ・スクリプト、オリエンテーション教材；成功の方程式

「モチベーションを高めるには、3種類の方法があります。第1は『不安』です。これは短期的には有効ですが、効果は長続きしません。第2は『報酬』です。褒美がもらえるとなれば、それなりの成果が上がるものです。しかし、報酬だけでは、人生で直面する困難を乗り越える力を得ることはできません。第3は『目的』です。『目的』だけが、困難を乗り越えるための明確なビジョンと、持続するモチベーションを与えてくれるのです。」

出典：Founder's Quotes

83

同類の諺：「毎日、不安を克服できる人だけが、人生の教訓を学ぶことができる。」（ラルフ・エマソン：アメリカの思想家）

出典：パンフレット抜粋

84

同類で不朽の名言：「表面的なことに関しては、世間に従えばよい。しかし、本質的なことに関しては、断固として自分の信念に従いなさい。」（トーマス・ジェファーソン：第三代アメリカ大統領）

出典：諺・名言辞典

85

「日々、『人に与える』行動をとってください。それは
この仕事に行き詰まっている人に優しい励ましの言葉
をかけることであり、飢えで生命の危機に瀕している
子どもに食事を提供することです。そうした行為は、
あなたの想像を超えて世界に貢献しています。そして、
あなた自身にも、信じられないくらいの力を与えてい
るのです。」

出典：Founder's Quotes

86

「学習する態度を絶対に失わないでください。『学ぶことをやめるときは、人生を終えるとき』という言葉は真実です。学習には、自分の仕事を常にチェックする姿勢が必要です。プレゼンテーションを行ったら、『上手にいった点は何で、改善すべき点は何か』と反省する時間を必ず取ってください。6ヶ月後のプレゼンテーションが今日のプレゼンテーションより上達していないとしたら、その人は学習していないことになります。その人は、自分の能力を高め、人間的に成長するという、このビジネスがもたらす最大の価値を失ってしまったのです。どうぞ学習者であり続けてください。」

出典：Founder's Quotes、オリエンテーション教材

87

関連語録 "We decided a long time ago that if we wanted to achieve results never before accomplished, we must expect to employ methods never before attempted."

和訳：「私たちは、これまでに成就できなかったことを成し遂げたいと思うならば、これまでに試みたことがないやり方をしなければならないと、ずっと前から決めていました。」

出典：NSE社出版書籍、オリエンテーション教材

88

関連語録　"Throughout history, sailors have heard the refrain, — "It can't be done." From sailing around the presumably flat world to finding the fabled Northwest Passage to China, those who lack vision have been proven wrong time and time again."

和訳：「歴史上水夫たちは、自制しなさい、『出来るはずがない』と聞かされていました。―世界は平坦であると憶測していたことから、中国へ通じる北西海路の発見という作り話まで、―、水夫たちのビジョン欠如は何度も何度も証明されてきました。」

出典：NSE 社出版書籍

"Moms and dads, your sons need you to support them now as passionately as ever you have in the past when they have been about lesser things like badges and pins."

「お母さん、お父さん、あなたの子どもたちは、あなたがバッジやピンなどの些細なものを好きだった時と同じような愛情で、今、サポートして欲しいのです。」

出典：ウェブサイト

90

「人間の能力には、たいへん興味をそそられます。な
ぜならば、誰にも基準などないからです。どれだけ
我々が成し遂げられるかは誰も知りません。自分の理
解以上のことができる器を私たちは持っています。皆
様がこれまで信じてきた自分よりも遠くへ行け、より
高く上がれ、より多くのことができるということに疑
問の余地はありません。」

出典：スピーチ・スクリプト、オリエンテーション教材；成功の方程式

91

「人々を驚愕させているものに、勇気をもって取り組み、生き残り、前に進ませ、更に他の事に取り組むことを学んでください。『何かに怯えているうちに取り組むべきではないという意味ではありません。私が何もできないと云う意味でも全くありません。』という心を持つべきです。」

出典：スピーチ・スクリプト、オリエンテーション教材；成功の方程式

92

「価値観の違いで誰かが争っているなら、話したいことがあります。それは『素晴らしい価値観によって整理がつかないのですよ。』ということです。これは社会的であり、知性的であり、誠実な言い方です。誰でも計り知れない程の価値を持っています。」

出典：スピーチ・スクリプト、オリエンテーション教材；成功の方程式

93

「集団行動や、スポーツのチームプレーには『合計数』
より『全体』を考える方が、より大切だという重要な
教えが含まれています。共同作業が必要なのです。一
人ひとりが他のメンバーと協力してこそ先に進むこと
ができます。」

出典：スピーチ・スクリプト、オリエンテーション教材；成功の方程式

94

「人の能力を、完成させていく道筋が、他の人に見習
われる良い面があります。常に機嫌よく、活気に満ち、
プラス思考で、望み多き人でいてください。しかしそ
れでも私は『歓迎できない人がいたら距離を置くこ
と』というブレイク・ローニーの意見に賛成です。」

出典：スピーチ・スクリプト、オリエンテーション教材；成功の方程式

「何年も前にブレイクと私は、リッチとはどのように
リッチなのかを話し合いました。計算してみて2人は、
ある数値に到達しました。あなたは今の我々のどちら
かに聴きたいと思ったでしょうね。2人は異なった数
値に到達しましたが、リッチとは数値で測れるもので
はないと言えることです。リッチとはお金、資産、魅
力的なおもちゃの数々、ライフスタイルに満ち溢れて
いることではなく、内なる感性や人生に役立つ貢献な
どによるものです。時にプラスに作用している人生が、
あなたが蓄えているものを意味するのです。それが
リッチというものです。」

出典：スピーチ・スクリプト、オリエンテーション教材；成功の方程式

Brooke Roney の名言と語録

96

"Just like the single stone that creates a ripple effect across the water, the good work of our distributors is extending outward and creating a wave of hope for people throughout the world."

和訳:「ちょうど一つの石が水面に波紋効果を広げる様に、当社の勤勉なディストリビューターたちが、人びとの希望の波を世界中に広げています。」

出典：NSE 社出版書籍

97

"While it is important for a sailboat racing team to identify and recruit the most talented crew members possible, it is just as important — perhaps even more so — to retain them. It is far more challenging to replace lost team members than it is to keep them in the first place."

和訳：「ヨット競走で、最も素質がある乗組員を見つけて
　　　　採用することが重要ですが、同じく重要なことは、
　　　　―たぶんそれ以上に、―乗組員を留保することで
　　　　す。まず、負けチームの乗組員を入れ替えること
　　　　は、彼らを留保するよりはるかに難しいからで
　　　　す。」

出典：NSE社出版書籍

"When started, I don't know how many times people asked "Why are you called Nu Skin International?" But that was always the plan — we always knew we' have global appeal."

和訳：「創業初動期に私たちは、多くの人々から幾度となく『何故、ニュースキン・インターナショナル社と呼ぶのですか』、と問いかけられました。ところが、社名は初めから決められていたのです―私たちの会社は初めから、グローバルに注目されることを私たちは知っていたのです。」

出典：NSE 社出版書籍

Nedra Roney の名言と語録

99

"All of Good, None of Bad"（Nedra Roney 1958 - 2021）

和訳：「全てが良いものだけで、悪いものは一切使いません。」（ネドラ・ローニー 1958-2021）

出典：Nu Skin Newsletter、スピーチ・スクリプト、オリエンテーション教材

"Our philosophy has always been 'all of the good, none of the bad.' "

和訳：「私たちの哲学は常に、『全てが良いもので、良く
　　　ないものには一切関係しない』です。」

出典：Founder's Quotes、オリエンテーション教材

101

"Nourish the Children is an initiative that applies business principals to address the problem of children hunger in a sustainable manner."

和訳：「『ナリッシュ・ザ・チルドレン』は、子どもたち の飢餓状況に取り組む、サスティナブルな方法で あり、他を率先する活動です。」

出典：NSE社出版書籍、ウェブサイト、オリエンテーション教材

関連語録： "I hope you will continue to find satisfaction as you make a difference in the lives of the people of Malawi — " (Gary Garrette; Managing Director, Nu Skin Force for Good Foundation)

和訳：「私は、マラウィの人々の生活改善のために、あなたが喜びを感じながら参加を続けているように願っています。」(ニュースキン　フォース・フォア・グッド・ファウンデーション マネージングディレクター：ギャリイ・ガレット)

出典："2010-2013 フォトブック・オブ・SAFI (School of Agriculture for Family Independence) at Mtalimanja Village, Malawi"

103

"Strong leadership and reliable support system are essential ingredients in every successful sailing competition. Strong leaders set the course for others to follow while a reliable support system ensures that the team has everything it needs to complete its journey. Together, these two elements make a team unstoppable."

和訳:「卓越したリーダーと信頼できるチームは、帆船競走における必勝条件です。卓越したリーダーは、チームが納得するコースを定め、その一方で、チームは、完走するために持っているもの全てを出し切って、信頼に応えます。その2つの要素が一体化した時、チームが負けることはありません。」

出典：NSE社出版書籍

"Positioned to offer support or aid" — As they journey
from familiar place to faraway lands, global travelers
continued to find a sense of home in a culture where
helping others is the key to personal successes."

和訳:「サポートするのか、または支援の提供かという岐
　　　路に立つことがあります。―あなたは、地元から
　　　遠くへ出かけている旅先でも、地元で他人を助け
　　　ていた習慣を持ち続ける。これが成功の鍵になり
　　　ます。」

出典：NSE社出版書籍

"Alongside — Charting a course across unknown waters is a journey fraught with challenges, and uncertainties, but it can also be a journey filled with wonder and exhilaration. Those who embark on such journey must be willing to keep their eyes focused on the horizon, to read the winds of change, to take advantage of new opportunities, and to develop a strong framework of support and inspiration with those who work beside them."

出典：NSE社出版書籍

和訳：「帆走―未経験の海を、海図を見ながら帆走することは、挑戦欲と不安感につつまれます。しかし、乗組員の好奇心をかきたて、気持ちを奮い立たせる機会にも満ちています。そんな場合、舵をとる水先人は常に水平線を見つめ、風向を読みとりながら、そばで作業する乗組員たちを叱咤激励し、勇気を鼓舞しながら現場の雰囲気を高揚させる機転をきかさなければなりません。」

出典：NSE社出版書籍

"As boats get bigger, the stresses from wind and waves increase in direct proportion. The wise sailor understands the need for having a well-designed boat. Outfitted with quality sails and hardware, it must be built to last. The middle of the ocean — days or even weeks away from help — is not the place to find out that standards were not high enough."

和訳：「帆船は大きいほど、風や波から相応な衝撃を受けます。聡明な水夫は帆船が頑丈に設計されていることが肝要であることを承知しています。上質の帆や骨組みで装備され、長持ちしなければなりません。遭難救助に何日も何週間もかかる大洋のど真ん中で、造船基準が満たされていないことに気が付く様なことがあってはなりません。」

出典：NSE社出版書籍

107

"The dream of creating a company to improve lives has become a reality. This dream was forged by noble pioneers on a quest for freedom. Today, the dream reaches around the globe and offers people the opportunity to live better, longer — to navigate their own destinies; not only to provide for their children, but to be there — ."

和訳：「人生をより豊かにする会社を創立したいと云う夢
　　　は叶えられました。その夢は、自由を熱望する志
　　　の高い開拓者たちにより現実化されてきました。
　　　今日、夢は世界の津々浦々で育まれる様になり、
　　　人々により良い人生を、より長く享受できる機会
　　　を提供できる様になりました─、それだけでなく、
　　　子々孫々にも継承されます─。」

出典：NSE社出版書籍

"JOURNEY SPEAKS OF ANTICIPATION —
beginnings, points of departure, possibilities, potential. A
journey conveys motion — momentum, realization,
potential. A journey tells the story of realization,
destinations, goals, future ventures, uncharted territories.
NU SKIN ENTERPRISES IS THE STORY OF A
JOURNEY — A CONTINUING JOURNEY."

和訳：「航海とは、想定の物語である―出航、出発地点、
可能性、潜在力。航海とは、時宜を伝える―勢い、
実感力、潜在力。航海というものは、現状、方向
性、最終目的、来るべき冒険、未知の海域を語っ
てくれます。ニュースキン・エンタープライズと
は、航海―現在進行途上のジャーニーについて
語ってくれるのです。」

出典：NSE社出版書籍

"Life's journey is never linear. By its very nature, life is dynamic and diverse, it is subject to change. And while the destination may be clearly envisioned and expectations well defined, one discovers that reality often refuses to adhere to even the most carefully contemplated course. Indeed, the hallmark of successful journey is that events never meet expectations, but instead exceed them every time."

和訳:「人生行路は決して、真っすぐな道ではありません。その性質上、ダイナミックで多岐であるが故に、しばしば変更が伴います。行く先がくっきりと見えて、期待感がしぼられ、自制され、最も周到に立案された人生設計でさえも、現実では、しばしば拒絶されることを人は悟ります。実に、成功を保証された行路でさえも、期待通りに進めないどころか、毎度の様に出発時の予想から外れてしまうのです。」

出典：NSE社出版書籍

同類名言："Twenty years from now, you will be more
disappointed by the things you didn't do than by the ones
you did do. So, throw off the bowlines. Sail away from the
safe harbor. Catch the trade wind in your sails. Explore.
Dream. Discover."（Mark Twain）

和訳：「今から20年も経つと、あなたは自分が成したこと
　　　より、成さなかったことに、より深く後悔するで
　　　しょう。だから、もやい綱を外しなさい。安全な
　　　港から出帆しなさい。帆に貿易風をとらえなさい。
　　　探検、夢、発見がある。」（マーク・トウェイン）

出典：NSE社出版書籍

"Ultimately, taking the first step in a voyage across unknown waters requires commitment, focus and faith. Commitment to the task at hand during each stage of the journey. Focus on what's most important. And faith in one's own abilities to navigate rough waters."

和訳:「極端に云えば、未経験の海洋に船出するには、覚悟、集中、信念が求められます。五里霧中の航海途中における集中力。最悪の混乱状態における自重心。そして、荒れ狂う海を航行中の獅子奮迅の挑戦魂です。」

出典:NSE社出版書籍

112

同類格言："Our most successful leaders are people who put other people first… in the long run, that's exactly what makes them successful."

和訳：「私たちの最も成功したリーダーのほとんどが、他人第一主義者です…長期的にみて、そのことが彼らを成功者にするのです。」

出典：Nu Skin Newsletter

113

"If your fear is talking to people, then go out and talk to people. You will find it just keeps getting easier and there's really nothing to be afraid of. However, I can tell you that if I stop for a month, It starts to seem scary again. So, the easiest way to fend off fear is to attack it, embrace it."

和訳：「もしあなたの不安が人に話しかけることであるな
　　　らば、すぐ外に出て人に話しかけてみてください。
　　　あなたは、だんだんと楽になってきて、心配する
　　　ことは何もないことに気がつくでしょう。しかし、
　　　言っておきますが、あなたが一月（ひとつき）も
　　　休止すると、再び不安は戻るようになります。そ
　　　れで、不安から逃れる最も楽な方法は、その不安
　　　を攻撃することです。抱きしめることです。」

出典：Nu Skin website, "Founder's Quotes"　成功に導く「今月の言葉」

114

同類語録：「成功は一人で楽しむものではありません。成功を他の人たちに教えてください。そうすれば、皆と一緒に成功を祝うことができます。」（トロイ・ダン：NSE役員）

出典：Nu Skin Newsletter

関連語録 " Vita Meal factory owner and operator —
Napoleon Dzombe is visionary behind the School of
Agriculture for Family Independence（SAFI）. — Vita
Meal is delicious. — I am so thankful to be part of this
most amazing effort to 'Nourish the Children' — Now I
can see that we are making a difference." (The author
unknown)

和訳：「ビタミール生産工場のオーナー経営者であるナポ
レオン・ゾンベ社長は、独立ファミリー振興農事
学校『SAFI』設立の先覚者でした。―ビタミール
は美味い。―私は『ナリッシュ・ザ・チルドレン』
の素晴らしい活動に加わっていることに深く感謝
しています―今、私たちは改革を起こしつつある
ことにも喜びを感じています。」（著者不詳）

出典：NSE Global Destination Report

116

「目標を達成したという充足感は、あらたなる人生の
扉を開きます。扉の先には、まだあなたの知らない素
晴らしい未来が待っています。」（岸本多摩子：NS
Team Elite）

117

「ひとつひとつ、小さな挑戦を積み重ね、克つ喜びと
楽しさを知る」（岸本多摩子：NS Team Elite）

118

「100歳までどれだけ人に尽くせるか挑戦したい、
―100歳になったら、120歳の夢をかたりたい」（岸本
多摩子：NS Team Elite）

119

「年取るは、奇跡を見せる資格もつ、百歳のわれよ、輝きて待て」（岸本多摩子：NS Team Elite）

120

音律短歌の例：「いまいまと、いまというまに、いまぞなく、いまというまにいまぞすぎゆく」（詠み人知らず）

出典：読本、NSE社オリエンテーション教材

121

「為せば成る、為さねば成らぬ何事も、成らぬは人の
為さぬなりけり」（上杉鷹山：米沢藩主）

出典：読本、NSE社オリエンテーション教材

122

「ニュースキンビジネスは、私たちに、どの様に、質
の高い人生を送ってゆくのかを教えてくれました。」
（岸本多摩子：NS Team Elite）

123

"Nothing Happens Without a Dream." (Masayuki Kishimoto: NS Team Elite)

和訳:「夢がなくては何も実現しない」(岸本正之:NS Team Elite)

出典:"Working at Home" Success Magazine

あとがき

　何故、ニュースキン社は創業者一代の短い期間に、世界のネット直販業界においてリーディング・カンパニーに急成長したのか。その答えを探すのが、本書編集の一番の動機でした。

　創業者の名言と語録の中から、その答え探しを始めたいと考えました。本書には、創業者の113首に加えてディストリビューター関連の10首を収録できました。未だ他にも、検索、吟味、広報されていないものが数多く在ることは確かです。

　編集終了後、私は、ニュースキン社は成功すべくして、成功したと確信しました。本書の「はじめに」に想定した**私の仮説は肯定されました**。

　1984年の創業以前から創業者たちは、自らの心のなかに、人の心を動かす人生哲学や「企業の使命と責任」を心に温めていたのです。

　ダブル・トークにすると、**創業以前から**自らの心を自らが育んでいたのです。その心が、まさしく"Force for Good"の精神だったのです。

ニュースキン社の非凡な成功は、「創業者の心」による「サスティナブル・サクセス」と言えるでしょう。

　今後問われることは、その輝かしい成功をサスティン（維持）できるかどうかです。次世代の会社経営陣とリーディング・ディストリビューターたちが「人の心を動かす」ことができるかどうかが問われています。市場動向の適正な把握とデジタル技術の先端活用だけでは、「サスティナブル・サクセス」はサスティンできないでしょう。

　収録した123首の語録、格言、名言の多くが通常のものとは少しばかり異なります。誰にも分かり易くするために恣意的に、平易な言葉で、詩文型よりむしろ散文型に綴っているのが特徴です。

　しかし、真髄的意義はいささかも損なわれていません。むしろ、散文型の文章表現がエキス化され、人の心にしんみりと沁み込んできます。"Force for Good"の高邁なスピリットが髣髴として、詠み人の「誠実」な人柄に触れるようで、思わずこうべが下がります。

　創業社長のブレイク・ローニーは、「不思議なことに、人に尽くせば尽くす程、我が社は大きくなっていった」と、事あるごとに述懐しました。私はたいへん謙虚な言い方だと思いました。殊に、人に尽くし社会に貢献できる喜びは人生で、この上ない至福であると云う名言には心を打たれました。

本書の編集作業中に筆者も、同じ志のディストリビューターと共に、ニュースキン・スピリットに絆でつながっていることに、この上ない幸せを感じました。その一方で、「人の心を動かす言葉」を見つけ、うまく表現することができない、もどかしさも感じました。心が表したい想いと文章力の乖離を縮めなければならないと思いました。

　NSE創業者たちは、先人たちが「座右の銘」としてきた古今東西の名言・格言を、自らが磨き上げてきた知見と整合させながら、平易な言葉で大衆に伝えることに努力を払っています。その心遣いが聞く人の心の琴線に触れるのです。

　同類の名言もあります。

「人を動かすには、人の心を動かすしかない」（D・カーネギー）

　心を動かすと体が動かされます。体が動くと、社会が動かされます。人の心と体が連動して、世界を動かすのです。つまり、人類究極の願い、「世界恒久平和」に向かって心が動くのです。

　ナショナリズムの心がグローバリズムの心に吸収されます。また、自国第一主義の心が万国共栄主義の心に吸収されます。その様な心の動きは、人心の高尚化とも云える

でしょう。つまり、古今東西の故事、諺、格言、名言、語録は、「全人類の心の世界遺産」と言えるでしょう。

　最近、私はしばしば想います。もしもヒットラー政権、東條政権、ムッソリーニ政権、ポル・ポト政権、ヌメイリ政権、スターリン政権、ミン・アウン・フライン政権、プーチン政権などのジェノサイド（集団虐殺）重罪を犯した独裁権力者勢が、その「全人類の心の世界遺産」に少しでも畏敬の念を抱いていたとしたらと。きっと「暴力の人類近代史」は回避されていただろうと。私は頭でそう想い、心でそう嘆き、体で行動を起こしたいと努力しています。

　筆者は提唱します。古今東西の故事、諺、格言、名言、語録を、心の世界遺産として、グローバル規模で、学校教育の義務課程に加えることを。世界恒久平和を引き寄せるパワーアップに甚大な寄与をすると信じるからです。

　人は言葉で思考しながら言葉を厳選します。しかし、辞書にも言葉がないことがあります。人間用語の限界でしょう。もしかして、昆虫用語には在るかもしれません。それで、「このもやもや、なんと言うの？」と云うジレンマにはまります。しかし、古今東西の名言、格言には、その様な問題への回答のヒントが秘められていると思います。

　更に、名言、格言には、人間が作ったさまざまな形の

垣根は一切ありません。全てがグローバル社会の健全化に貢献するものばかりです。

「心の動きは」、待つものでなく、動かすものです。即ち、万能の教育が動かすのです。つまり、古今東西の格言・名言集をグローバル・エデュケーションの共通テキストにする価値があると信じるのです。

グローバル市民一人ひとりが、心の世界遺産を一層深く尊重する時、より高尚で健全な世界秩序が創生されるものと楽観しています。楽観は悲観に常に勝るからです。ひいては地球平和文明をサスティナブルにするのです。

さまざまなジャンルのテキストが急増する今日、故事、諺、格言、名言、語録などのテキストは、コントロバーシャル（論争を引きおこす）な局面が比較的に小さいです。世界宗教界に起きてきた様な、一神教と多神教、教派間や宗派間のドグマのコントラディクション（教義矛盾）は惹起し難いでしょう。いわゆる「世界宗教戦争」の起因となった様な論争点は無いのです。それで、全人類共通の義務教科書の認定を提言しても、白熱論争にはならないでしょう。

世界中で"Force for Good"の慈善を成す社会貢献の喜びは、人のポジティブ思考を刺激し、地球市民社会の公序良俗の構築を牽引するでしょう。物理的で物質的な社会貢献ならばAIロボットや、デジタル・トランスフォーメー

ション（DX）でもできる事です。

　人に喜ばれ、尊敬される行為は、人の心を動かし、行動動機を高揚させます。ゆえに、「人の心が動くと世界が動く」という類の不朽の名言が数多く生まれてきたのです。

　古今東西の名言・格言は人の意識改革を助けます。そして人類社会を浄化し、高尚化することに寄与します。

　主権国家意識を地球国家意識にグレードアップできた時、世界は一つ、人類も一つと云う集団意識の改革が促進されます。斯様な「心の動き」は世界を動かし、国境が不要であることを気付かせ、ひいては世界大戦の回避意識の発揚にも貢献するのです。

　人心腐敗症と云う名のパンデミックが猛威を振るっている昨今、「人の心に抗体」を創る教育の振興は焦眉の課題となっています。全生命の棲家である小さな惑星、地球の健康危機への警鐘が鳴り止みません。

　最後に、筆者が「座右の銘」としている「不朽の名言」3首を、書き加えたいと思います。「座右の銘」とは生涯教書を意味しています。

　「何かを学ぶのに、自分自身で経験する以上に良い方法はない。」（アインシュタイン）

　机上学習と体験学習。後者の学習効果の方が、よりプ

ラクティカルで、よりサスティナブルでしょう。勿論、両者の相乗効果がマルチ効果を生みだすことを忘れてはなりません。

　自らの学習成果を自らの感性で歓喜する時、人の視野はグローバル規模に広がってゆくのです。物心のグローバル化は世界恒久平和に至る近道です。

　好きなことをサスティナブル（継続的）にできる時、人は誰でも達人になります。「好きこそ物の上手なれ」という先人が残した名言もあります。好きなことに「やり甲斐」を感じ、「生き甲斐」を感じます。達人が増えると文明進化も加速するという道理も解ってきます。また、嬉しいと感じるエモーションは、体内で活動ホルモンの分泌を促します。

　「悪に感化される人がいるよりも、悪を看過する人がいる事の方が危ない。」（アインシュタイン）

　人生では、しばしば二者択一と云う苦渋の選択に迫られます。自覚しつつも悪に染まってゆく人と、自覚しながらも悪を看過する人が少なからずいます。後者は前者と比べて、臆病者で恰好悪い人です。人は誰でも、住み良い集団社会に憧れるのならば、悪さをする仲間に敢然と挑み善悪を諭さなければなりません。

「想像力は、知識よりも重要である。知識に限界が有るがために、想像力が世界をとりまき、発展を刺激し続け、進歩に息を吹き込み続けているのだから。」（アインシュタイン）

　世間は、一億人の過去回顧的な評論家より、一万人の未来展望的な評論家を求めています。過去は未来を創れませんが、現在は未来を創ることができるからです。つまり、未来展望を想像できる評論家が、より重宝されるのです。
　けれども、科学による未来予想ですら8割は外れると云われています。それでも未来発展は止まることがありません。人は今日の苦悩を明日の歓喜にシフトする想像力を習得できるからです。
　想像力を向上させつつある現代人が、想像力を以て理想の実現化を可能にするのです。理想の実現化は、「故事、諺、格言、名言」の学習成果を以て加速化できるのです。それ故に、学校教育で必須課程にする価値があることを繰り返し強調したい衝動に駆りたてられるのです。
　生命界の頂点に君臨する人類は、確実に、かつ、加速的に進化を続けています。間違いなく一歩一歩と、世界恒久平和に接近しつつあるのです。半世紀後の未来世界を想像する時、心が昂ぶります。人類は間もなく、「世界恒久平和駅」と云う名の終着駅に到達します。

ニュースキン社創業者の心に既存していた「フォース・フォア・グッド」の魂は、企業哲学の真髄であると悟るインディペンデント・ディストリビューターが急増していることをたいへん嬉しく思っています。つまり「人の心を動かす」企業理念が、根づきつつあります。人の渾身の想いとサスティナブルの夢は必ず現実化するのです。

謝　辞

本書を

60年余も寄り添ってきた最愛の妻、多摩子に

そして

同舟同夢で繋がる、かけがえのない NSE 同志に謹んで捧げる

主要参考文献

日本聖書刊行会,『新改訳大型聖書』, いのちのことば社, 2004.

稲盛和夫著,『稲盛和夫一日一言』, 致知出版社, 2021.

新原豊著,『生命は「与える」と強くなる』, サンマーク出版, 2012.

花田憲彦編『サインズ　オブ　ザ　タイムズ』, 福音社, 2021.

エレン・G・ホワイト著,『人類のあけぼの』, 福音社, 2008.

D・Hカーネギー著, ドロシーカーネギー編, 神島康訳,『D・カーネギー名言集』 創元社, 2010.

D・Hカーネギー著, 山口博訳,『人を動かす』, 創元社, 2016.

D・Hカーネギー著, 香山晶訳,『道は開ける』, 創元社, 2016.

フランクリン・コーヴィー・ジャパン編『「7つの習慣」に生きるための格言集』, キングベアー出版, 2004.

増井金典,『名言・格言・ことわざ辞典』, ミネルヴァ書房, 2016.

三省堂編修所編『ことわざ便覧』, 三省堂, 1999.

大内博&ジャネット大内,『「人を動かす」英語の名言』, 講談社バイリンガル・ブック, 2000.

三省堂編,『故事ことわざ・慣用句辞典』, 三省堂, 2004.

時田昌瑞,『岩波ことわざ辞典』, 岩波書店, 2000.

『ことわざ小辞典　付・世界の名言』, 永岡書店, 1981.

『毛主席語録』, 外交出版社, 1966.（※ Little Red Book）

Mary Kawena "PUKUI," OHANA , mutual publishing, 2003.

Nu Skin Enterprises, Inc., " Journey' the first 20 years of Nu Skin Enterprises", Graphic Art Center, 2004.

Nu Skin Force for Good Foundation, "The School of Agriculture for family independence at Mtalimanja Village, Malawi 2012 - 2013",

Paul Alan Cox, Michael J. Balick "Plants, People, and Culture", Scientific American Library, Division of HPHLP, 1996.

著者プロフィール

岸本 正之（きしもと まさゆき）

ロサンゼルス在住

1934年　9月生まれ
1957年　琉球大学英文科卒業
1961年　フルブライト国費留学生として米国に
　　　　招かれる
1963年　メリーランド大学・大学院修士号取得
1965年　日本航空入社、以後25年勤務
1997年　ナショナル・トロピカル・ボタニカルガーデン（米国国立熱帯
　　　　植物園）元理事
1998年　シーコロジー・ファウンデーション（米国）現理事
1999年　KFI岸本ファミリー・インターナショナル（米国：シアトル）
　　　　創立
2003年　インスティテュート・フォー・エスノメディスン（米国・ポール・
　　　　コックス博士設立）元理事
2007年　岸本ファミリー個人慈善基金（米国）を創設。交易プロジェク
　　　　トに累計約4億円、ユニバーシティ・エンダウメント（遺贈基
　　　　金）に約7億円の寄付（税理会社の集計額）
2009年〜アフリカ、マラウィの「ミタリマンジャ・自立ファミリー農
　　　　学校（ASAFI）」で、延べ22ファミリーの留学を支援
2016年　母校琉球大学に『岸本遺贈基金』を設立
　　　　琉球大学より名誉博士号拝受
　　　　ハワイの国立熱帯植物園（園長：ポール・コックス博士）と、
　　　　自然保護団体シーコロジー並びにインスティテュート・フォー・
　　　　エスノメディスン（ポール・コックス博士創立）の3つの理事
　　　　を務め、世界20数ヶ国を訪問

【著作】
2002年　『ナファヌア』（ゴールドマン環境賞受賞、ポール・コックス博
　　　　士著）翻訳・出版、日本図書協会選定図書
2015年　『私たちは小さな水の星に生きている　地球政府の樹立を目指
　　　　そう』を出版
2017年　『地球政府2017　地球市民教育の義務化』を出版
2019年　"Global Government 2017"（上記英語版）を出版
　　　　『没後も社会貢献　高等教育エンダウメント文化の導入＆教育
　　　　への投資で世界を改造』を出版
2020年　"Philanthropy from the Beyond：Adopting a Culture of Higher-
　　　　Education & Changing the World"（上記英語版）を出版
2022年　『ピース・ロードを行く　グローバリゼーションは世界恒久平
　　　　和への道』を出版
2022年　"Forwarding Peace Road"（上記英語版）を出版予定

本の印税の全額を、アフリカを始めとする極貧国の児童飢餓救済に寄付。
岸本ファミリー個人慈善基金の活動基金に寄付

創業者の名言・語録集＆心に沁みる言葉

2022年12月15日　初版第1刷発行
2023年3月5日　初版第2刷発行

著　者　　岸本　正之
発行者　　瓜谷　綱延
発行所　　株式会社文芸社
　　　　　〒160-0022　東京都新宿区新宿1－10－1
　　　　　　　　　電話　03-5369-3060（代表）
　　　　　　　　　　　　03-5369-2299（販売）

印刷所　　株式会社フクイン
ISBN978-4-286-26067-9